AF296602

MANUEL

DU

DESSINATEUR EN CHEVEUX.

IMPRIMERIE FLAMANT-ANSIAUX A VOUZIERS.

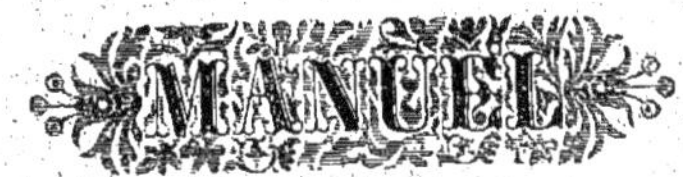

MANUEL

DU

DESSINATEUR EN CHEVEUX,

Publié par F*** A***

ORNÉ DE 72 DESSINS.

TOMBEAUX, TABLEAUX D'HYMEN, DE FAMILES, PAYSAGES,
TABLEAUX ALLÉGORIQUES, ETC.

2me **EDITION.**

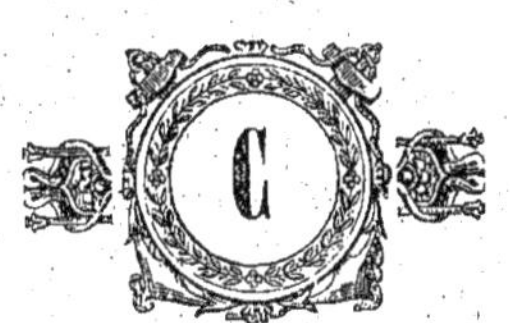

PARIS,

CHALLAMEL, ÉDITEUR,

4, Rue de l'Abbaye-St-Germain.

1843.

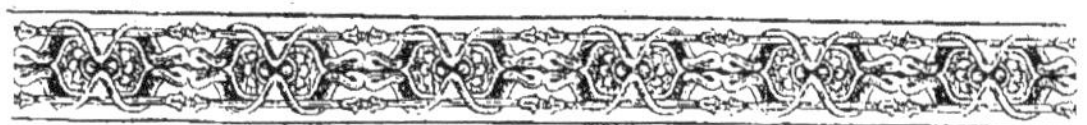

MANUEL

DU

DESSINATEUR EN CHEVEUX.

Du Vernis Fixateur.

Cette composition indispensable se prépare ainsi :

1 Gros de Térébentine de Venise.

2 Gros de Vernis blanc à l'esprit de Vin.

Ces deux drogues mêlées ensemble, composent seules le Vernis dont on se sert pour fixer, à quelques exceptions près, les cheveux sur l'ivoire.

Du Dégraissement des cheveux.

Pour dégraisser les cheveux on emploie de l'esprit de vin à 36 dégrés, dont on se sert aussi comme mordant pour nétoyer l'ivoire et enlever le vernis qui reste à côté des ornements après le travail.

Hachement des cheveux.

Pour réduire les cheveux en poussière, on les mouille et on les hache ensuite sur une feuille de corne avec un couteau destiné a cet usage, on fixe cette poudre, non pas avec le Vernis fixateur, mais avec de la gomme arabique dissoute dans de l'eau.

Des Feuilles.

Pour former les feuilles d'arbres, on colle des cheveux par petites bandes plates que l'on coupe ensuite lorsqu'elles sont sèches, sur la corne, avec le hachoir, de la forme et de la dimension nécessaires.

Des Ciels.

Pour former les ciels sur l'ivoire, on commence par le dépolir avec de la pierre ponce; on enduit ensuite le derrière de l'ivoire d'une couche de blanc d'argent; on fait après un liquide avec du bleu de Cobalt ou de Prusse, auquel on ajoute un peu de jaune de chrôme ou de jaune d'or; on trace de larges veines sur l'endroit enduit de blanc, de manière à imiter le ciel. On ne fait ces nuages que quand le blanc est sec.

Des branches d'arbres.

Pour faire des branches d'arbres, on se sert de fil de laiton très souple, sur lequel on fixe, à la gomme, des cheveux hachés en poudre; pour y attacher les feuilles, on enduit de vernis la place qui leur est destinée avec un petit morceau de bois pointu.

On se sert d'un pinceau en blaireau fin pour fixer les feuilles aux branches. On employe un semblable pinceau pour nétoyer l'ivoire comme il a été dit précédemment; il faut éviter de le tremper dans la térébenthine.

Des Grilles.

Pour faire les Grilles de tombeaux en relief, on applatit le laiton avec un marteau, on le recouvre ensuite de cheveux plats, que l'on fixe à la manière ordinaire.

De la décomposition de la couleur des Cheveux.

Pour imiter la mousse, on se sert de cheveux hachés, que l'on a fait changer de couleur, avant de s'en servir en les trempant dans de l'eau forte. Ils deviennent jaunes, verts ou roux, suivant la nuance des cheveux et le temps qu'ils passent dans cet acide. Il ne faut pas oublier de les tremper immédiatement dans de l'eau fraîche sans quoi ils brûleraient.

Il est très important en faisant cette opération d'éviter avec un grand soin de laisser tomber de l'acide sur les vêtemens, car il brûle comme le feu.

Du tronc des Arbres.

Pour faire les troncs d'arbres en relief, on se sert des cheveux hachés, que l'on peut ensuite recouvrir de cheveux plats.

Des chemins et de la fumée.

Pour imiter les chemins, on employe des cheveux

blonds hachés en poudre ; on sert des mêmes cheveux auxquels on en mêle d'autre couleur pour imiter la fumée.

Du dessin sur verre.

— Quand sur verre on désire imiter le relief, on fait le dessin double c'est-à-dire de même de chaque côté du verre. Pour figurer le ciel on colle du papier par derrière le verre, on a du par avance peindre le ciel sur ce papier comme il a été dit pour l'ivoire ; on peut aussi le peindre derrière le verre.

Des Pensées.

Pour former les pensées, les cheveux étant collés en bandes plates, plus ou moins larges, on coupe sur la corne, les feuilles de la forme nécessaire, et on les fixe au bout du laiton auquel on a fait un petit crochet.

Pour ployer le laiton on se sert d'une pince dite d'Allemagne.

Des Inscriptions.

Le bon goût des personnes qui s'occupent des travaux en cheveux se fait distinguer par le choix des inscriptions qui décorent les monuments. Il faut bien se garder de ces phrases ampoulées qui disent peu. La simplicité est la plus grande beauté des épitaphes ; dire sa pensée en peu de mots et avec modestie : voilà à quoi l'on doit s'attacher, et il est bon aussi d'éviter de mettre toujours les mêmes choses.

Nous donnons pour chacun des numéros un aperçu des diverses phrases que l'on peut choisir. Ce choix est loin d'être obligatoire, nous le répétons; l'esprit des amateurs leur indiquera assez quelle est la rédaction qui devra être suivie, surtout si l'artiste fait un sujet qui l'intéresse personnellement.

Les inscriptions doivent être tracées en petite écriture; on les place sur les endroits à ce destinés ou au bas du tableau, on laisse alors un espace libre. Il conviendrait d'en confier l'écriture aux Lithographes, qui la font petite et très lisible, avec leurs plumes métalliques et leur encre grasse. L'encre ordinaire s'étendrait. Il faut si on veut la faire soi-même, employer l'encre de Chine et tracer les lignes avec le bout d'une pointe fine. En employant l'encre grasse pour les inscriptions, on peut les enlever, si on le désire, en grattant légèrement l'ivoire avec le couteau à hacher.

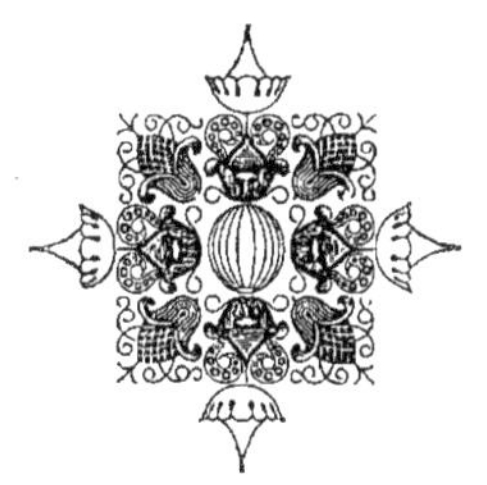

EXPLICATION

DES PLANCHES.

ET CHOIX D'INSCRIPTIONS.

Les N°s 2, 26 et 36 sont destinés à être choisis par les veuves pour les monuments dessinés à la mémoire de leur mari.

> Au meilleur des Epoux !
>
> Il nous attend au ciel.
>
> Son ame veille sur nous.
>
> Ses vertus nous empêchent de l'oublier.
>
> Sa mémoire est gravée dans nos cœurs.
>
> Nous lui devons le bonheur.

Les numéros 1, 4, 5, 7 bis, 12, 16, 19, 20, 21, 25, 27 et 28 bis, 33 et 34 bis, 37, 38, 39 et 40 peuvent être indistinctement choisis pour un père, une mère, un frère, un enfant ou tout autre parent.

> A la meilleure des mères : l'espoir de la revoir au ciel nous console.
>
> Puissent ses vertus être imitées par ses enfants.
>
> Au meilleur des pères ; à sa mémoire éternelle dans le cœur de ses enfans.

Pour un enfant :

> Tendre et modeste fleur, à son printemps il tombe ;
> Il était de sa mère et l'espoir et l'appui :
> Pour aider ses vieux jours elle comptait sur lui,
> Et c'est elle aujourd'hui qui pleure sur sa tombe.

Pourquoi pleurer, Emma, le sort du jeune Erlange?
Vers un monde meilleur ton fils a pris l'essor.
Débile enfant naguère, aujourd'hui c'est un ange
Qui revit dans les cieux pour te chérir encor.

Sur le tombeau d'une Amante.

Attends moi !

Les numéros 6, 14 et 28 sont l'emblême du bonheur et de la simplicité des champs.

Coulez heureux mes jours.

Rien n'est égal au bonheur des champs.

Je suis heureux dans cette condition obscure.

Heureux, mon fils, de ne connaître que les divinités champêtres.

Le numéro 8 représente un vaisseau en mer, dirigé au port par un phare ; des amis en chaloupe vont rejoindre à bord les voyageurs revenant de pays lointains.

Ce tableau allégorique est l'emblême de jeunes gens livrés à eux-mêmes, en butte aux passions du monde et dirigés de loin par les conseils de leurs parens.

Ce sujet se fait des cheveux de famille ; le phare qui éclaire les navigateurs se dessine avec ceux des parens ; le navire avec ceux des enfans absens ; les cheveux des enfans qui restent sous le toit paternel sont employés à dessiner la chaloupe.

Puissent-ils revenir heureux au port.

Ils veillent sur nous.

Leurs conseils nous guident.

Le numéro 9 représente un parc anglais.

Le numéro 9 bis, est l'image la bienfaisance.

Des bons cœurs je suis l'exemple.

A secourir les malheureux chacun doit mettre son bonheur.

Les numéros 8 et 12 bis doivent être choisis par

des orphelins des deux sexes ; le numéro 13 est destiné seul à des garçons.

A la mémoire d'un père et d'une mère chéris.

Ils veillent sur leurs enfans.

Leur souvenir nous console.

Puissions-nous les imiter.

Leur corps est sous cette pierre, leur ame nous attend au ciel.

O ma mère, à présent qui m'aimera.

Les numéros 30 et 35 sont destinés à conserver le souvenir de l'Empereur Napoléon. Le premier représente son tombeau aux Invalides et le second son tombeau à Ste-Hélêne.

A Napoléon.

A l'immortel Empereur.

Son nom est connu du monde entier.

Ses malheurs nous le rendent plus cher.

Qui jamais sera autant aimé, qui jamais sera plus digne de l'être.

Son nom est gravé dans tous les cœurs.

A la plus grande gloire de la France.

Au premier monarque du monde.

Honte à ses persécuteurs.

Nous ne pouvons visiter sa cêndre mais son souvenir est gravé dans nos cœurs.

Qui a été plus grand, qui a été plus malheureux, mais qui plus que lui sera aimé.

La reconnaissance serait effacée du cœur des Français avant qu'ils l'oublient.

Le numéro 11 est un tableau allégorique. La sentinelle qui est sur la tour est l'emblème du père de famille qui veille sur ses enfans éloignés.

Son cœur nous suit partout.

De loin leurs conseils nous guident.

Le numéro 11 bis est l'emblême de l'amitié fraternelle.

L'amitié fraternelle nous unit.

Le numéro 10 bis représente un pêcheur se rendant sur mer au soleil levant.

Il prend ses filets avant l'aurore.

Ses enfans l'attendent sur les galets.

Dieu le conduise.

Les numéros 14 bis et 34 sont des colonnes que la postérité éléve à la mémoire des bienfaiteurs de la patrie.

A Pierre-Paul RIQUET,
Ses concitoyens reconnaissants.

A la mémoire du bienfaiteur de la patrie.

Le numéro 24 bis représente un tombeau érigé à la mémoire d'un soldat mort au champ d'honneur, sur le lieu même où il mourut.

Son corps repose loin de nous, mais son souvenir nous est présent.

C'est là qu'il mourut en combattant pour son pays.

Les numéros 15, 15 et 16 bis, 19 et 20 bis, 31, 31 bis et 32, sont des tableaux de fantaisie auxquels on peut donner diverses destinations.

Le numéro 18 est l'emblême d'une foi sincère que les sophismes de la jeunesse n'ont pu ébranler.

Il n'oublie pas les exemples de ses parens.

Puisse-t-il ne jamais oublier ses bons principes.

La Foi est pour toujours gravée dans son cœur.

Le numéro 22 représente un navire abordant en pays lointain.

Puisse-t-il ainsi arrriver au port.

Qu'il soit heureux loin de nous qui ne l'oublierons jamais.

Le souvenir de la patrie le consolera sur la terre étrangère.

Le numéro 24 bis est l'image des souffrances sur la terre.

Mon Dieu prenez pitié d'eux.

O mon Dieu ! sauvez ma mère.

Le numéro 27 représente le tombeau d'un militaire que d'anciens compagnons d'armes viennent orner de lauriers.

Il mourut en brave.

Mort au champ d'honneur.

Il servit son pays avec gloire.

Le numéro 17 est destiné à un Franc-Maçon.

Il fut toujours bon F∴ et fidèle Maçon.

Il a passé sa vie à propager la lumière.

Le numéro 17 bis est destiné à un voyageur mort en pays étranger.

Il repose sur une terre étrangère, personne ne vient pleurer sur sa tombe.

Puissions-nous un jour jeter des fleurs sur son tombeau.

Le numéro 7 est un tableau de famille ; il se fait avec des cheveux de tous les membres ; leurs noms sont inscrits par ordre dans les endroits réservés.

Le numéro 7 est un souvenir d'hymen ; il se fait avec les cheveux des deux époux.

Que l'hymen est doux quand les époux se comprennent.

Souvenir du plus beau jour de notre vie.

Que nos cœurs brûlent toujours de la même flamme.

Le dessin numéro 29 représente Saint-Vincent de Paule, bienfaiteur des enfans trouvés.

Puisse son exemple être imité.

Il fut le bienfaiteur de l'humanité.

Le numéro 29 est l'image de la vie des Solitaires dans le désert.

Il est toujours avec Dieu.

Loin du monde, ses pensées sont toutes au seigneur.

Le numéro 30 bis représente le sacrifice de Caïn et d'Abel, emblême de l'innocence et de la perversité.

Puisse mon sacrifice être agréable à Dieu.

Mon Dieu, soutenez-moi dans l'adversité.

Le numéro 32 bis est l'emblême de l'étude.

L'étude fait le charme de la vie.

Les enfans studieux sont la joie de leurs parens.

Le numéro 33 est un temple élevé à l'amour.

Après bien des peines, nous arrivons au but.

L'amour seul me guide.

Eclairé par son flambeau, j'ai trouvé le temple du bonheur.

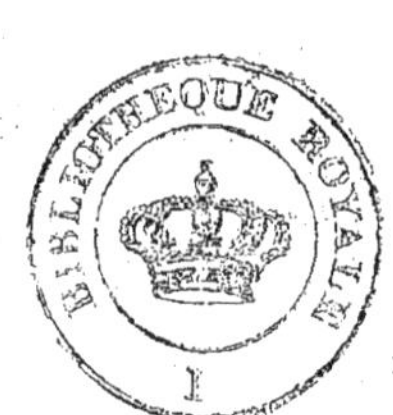

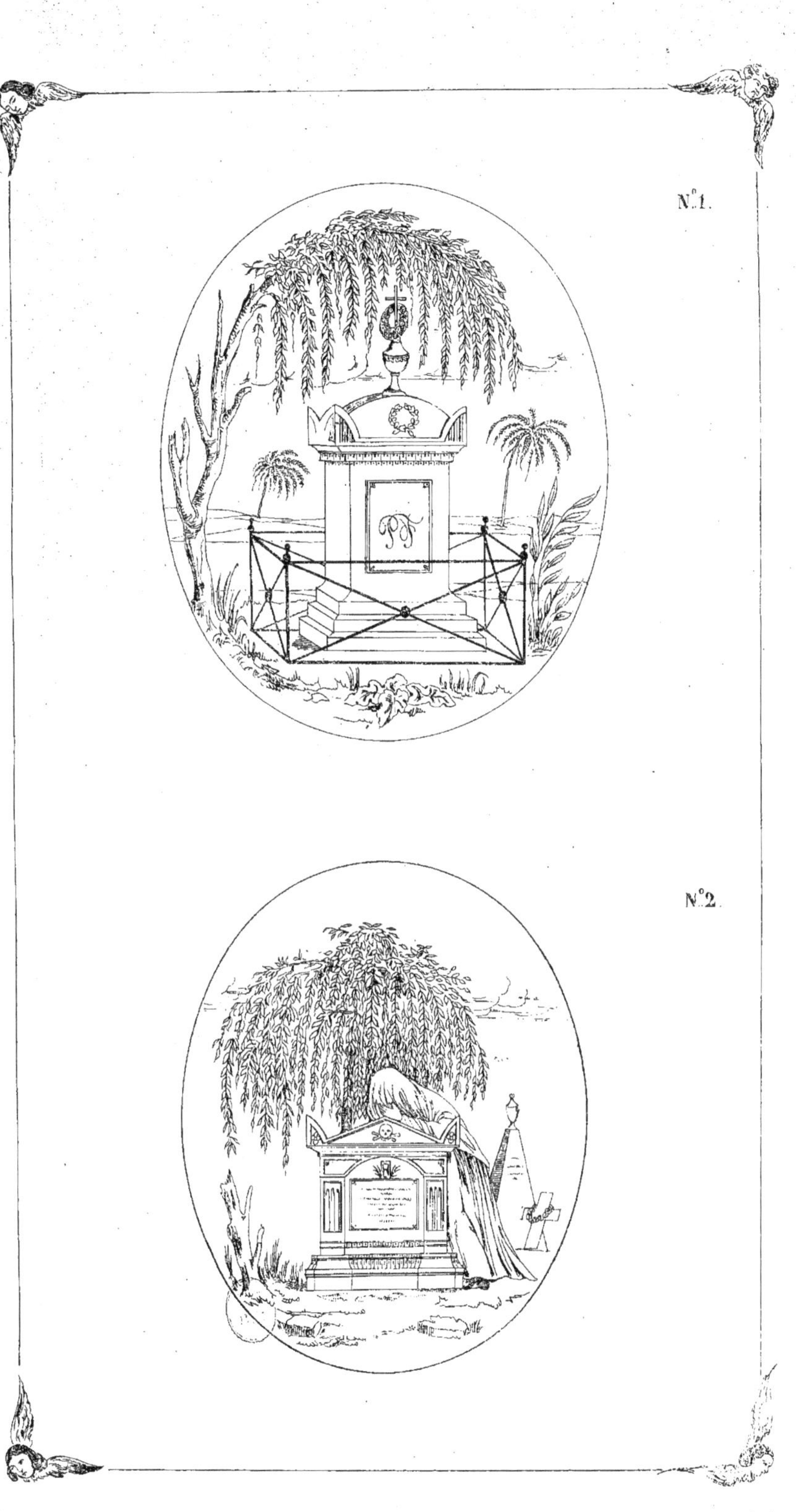

N.º 1.
N.º 2.

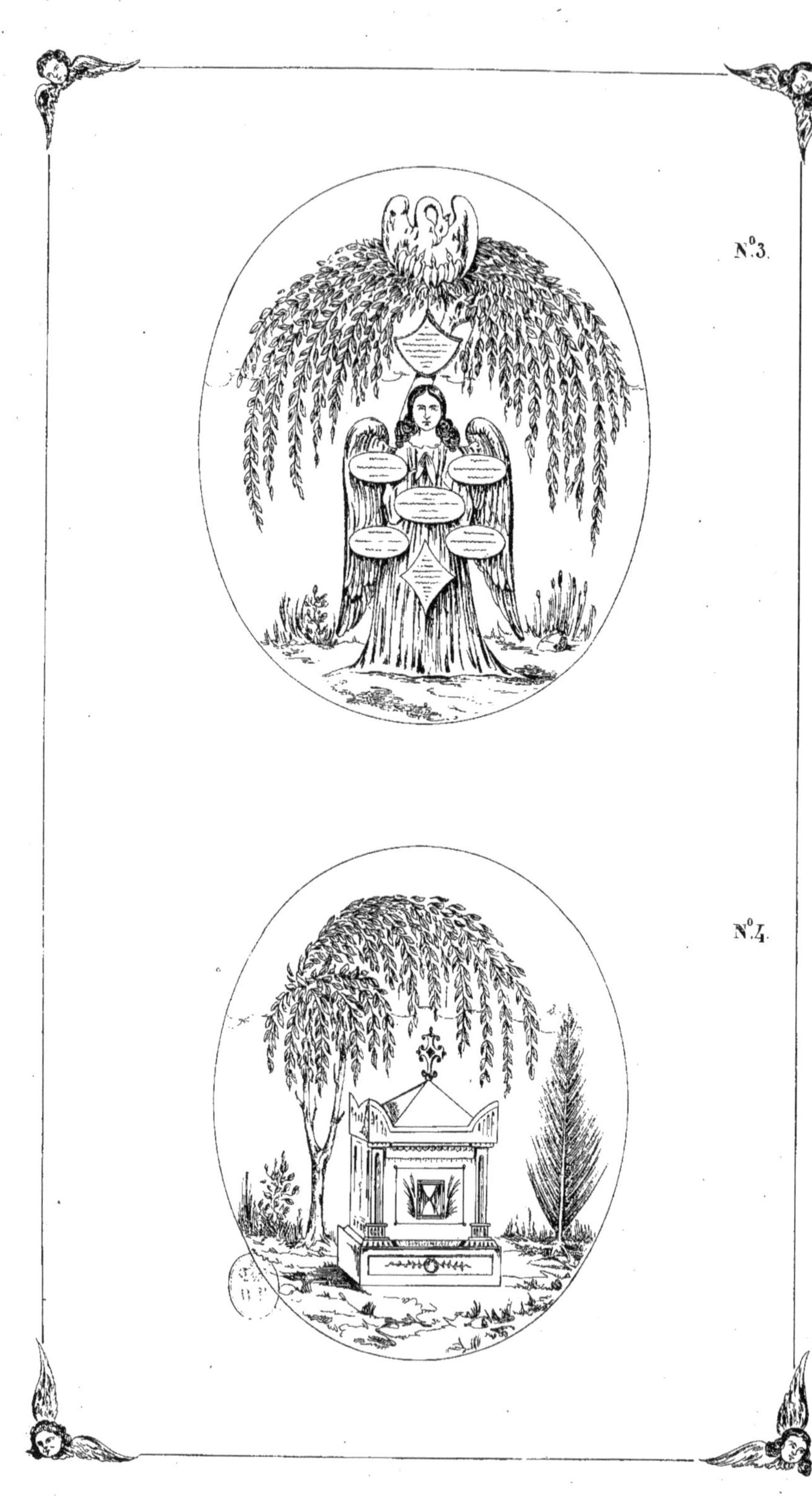

N.º 3.
N.º 4.

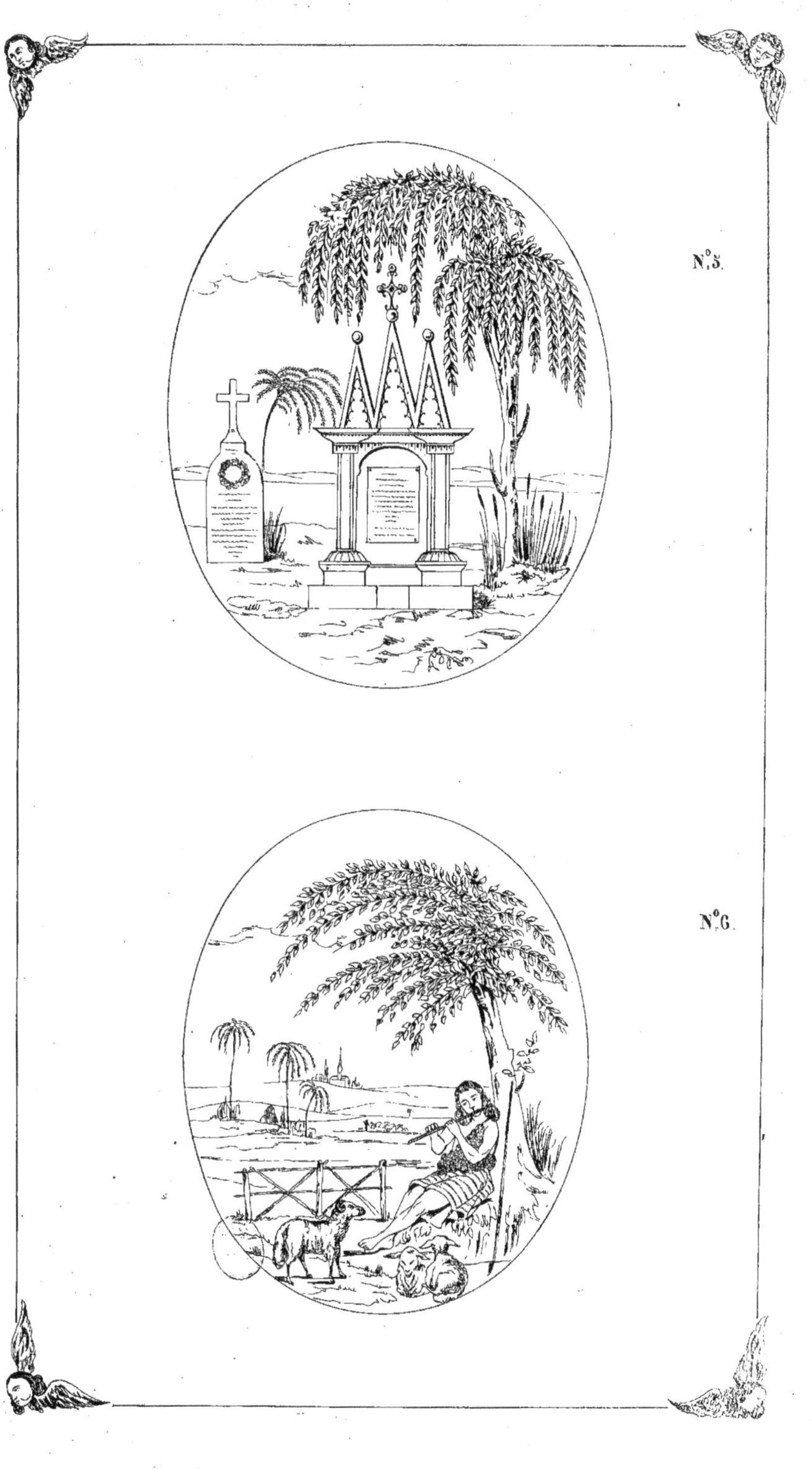
N.º 5.
N.º 6.

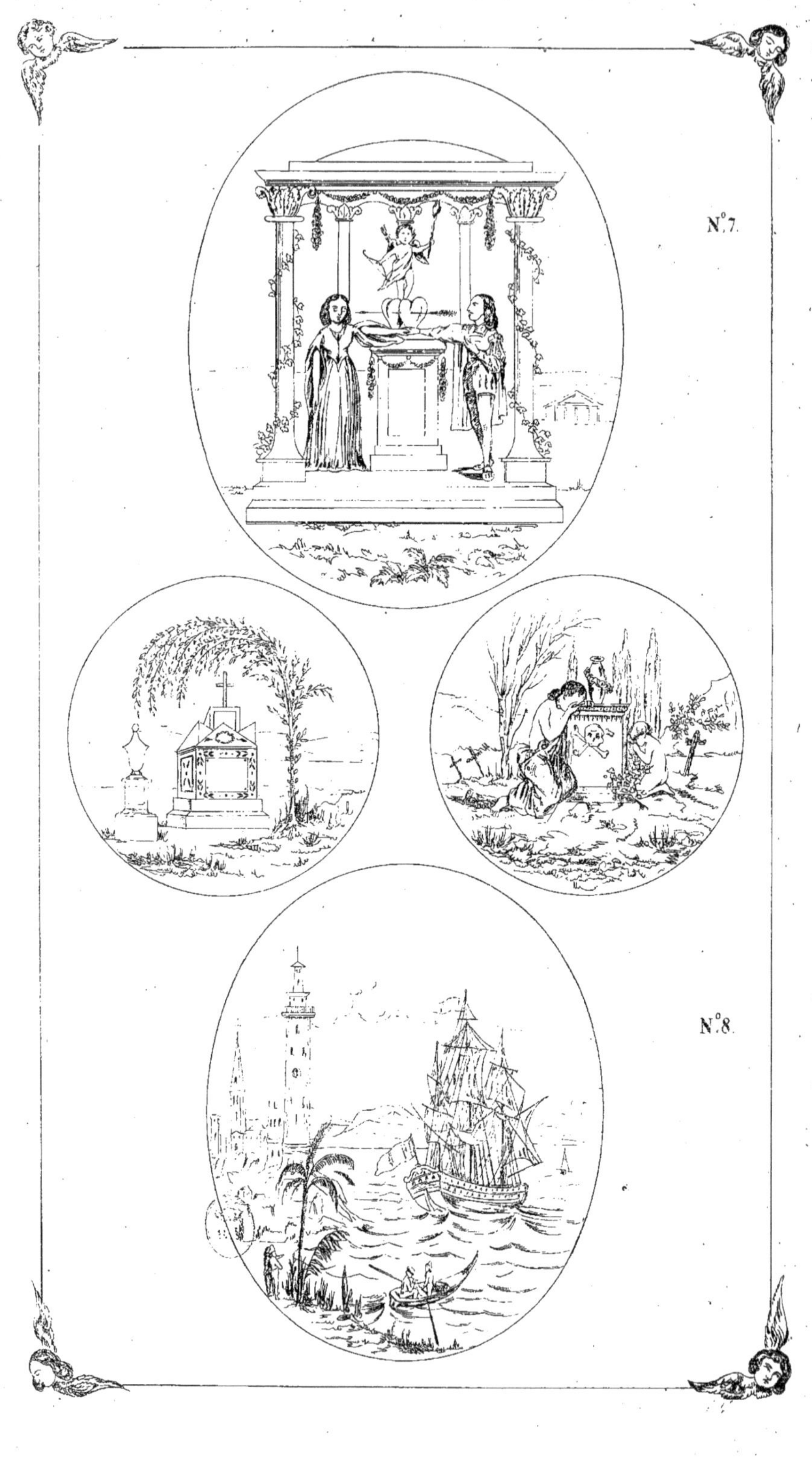

N.° 7.
N.° 8.

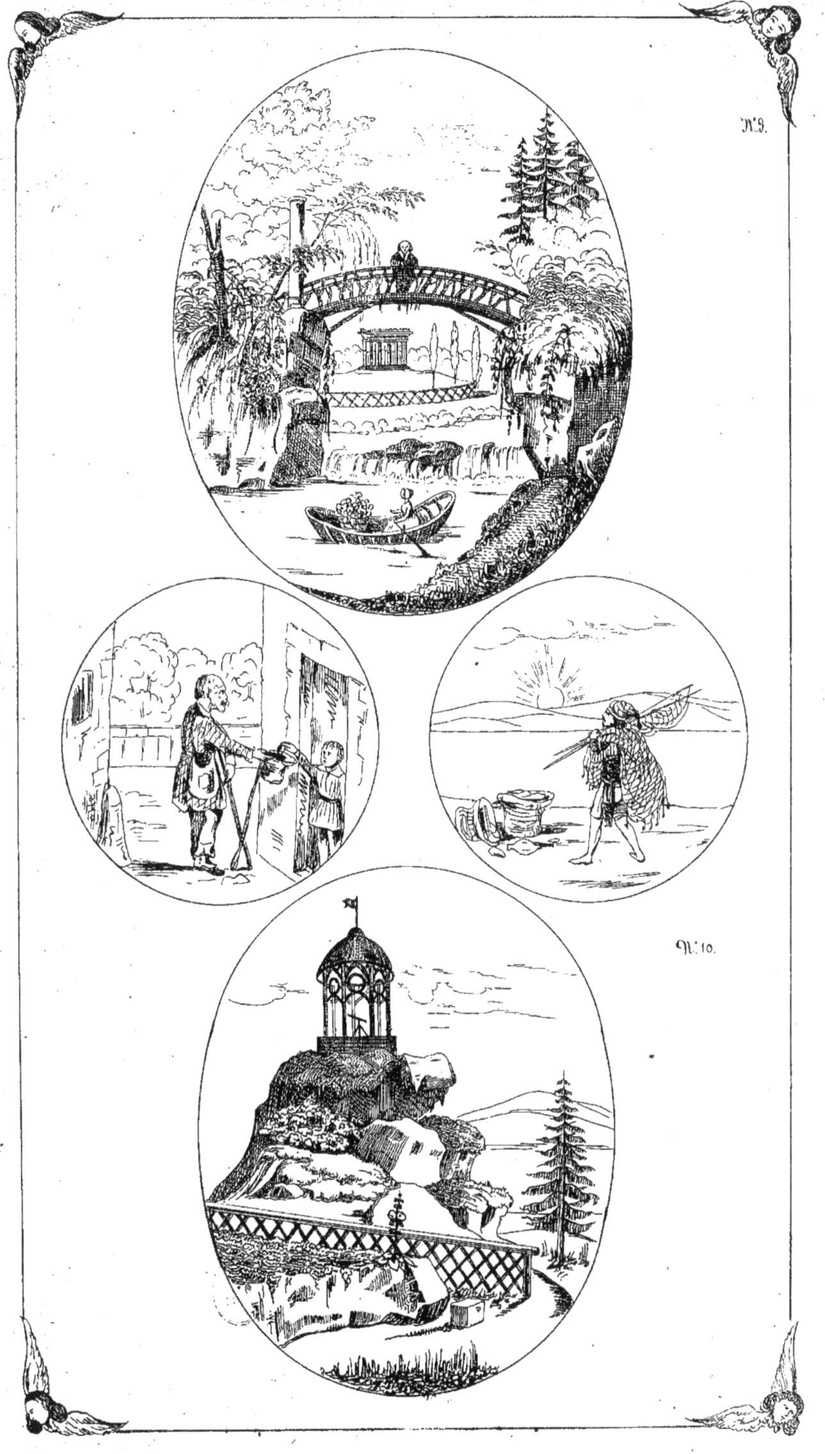

N.° 10.

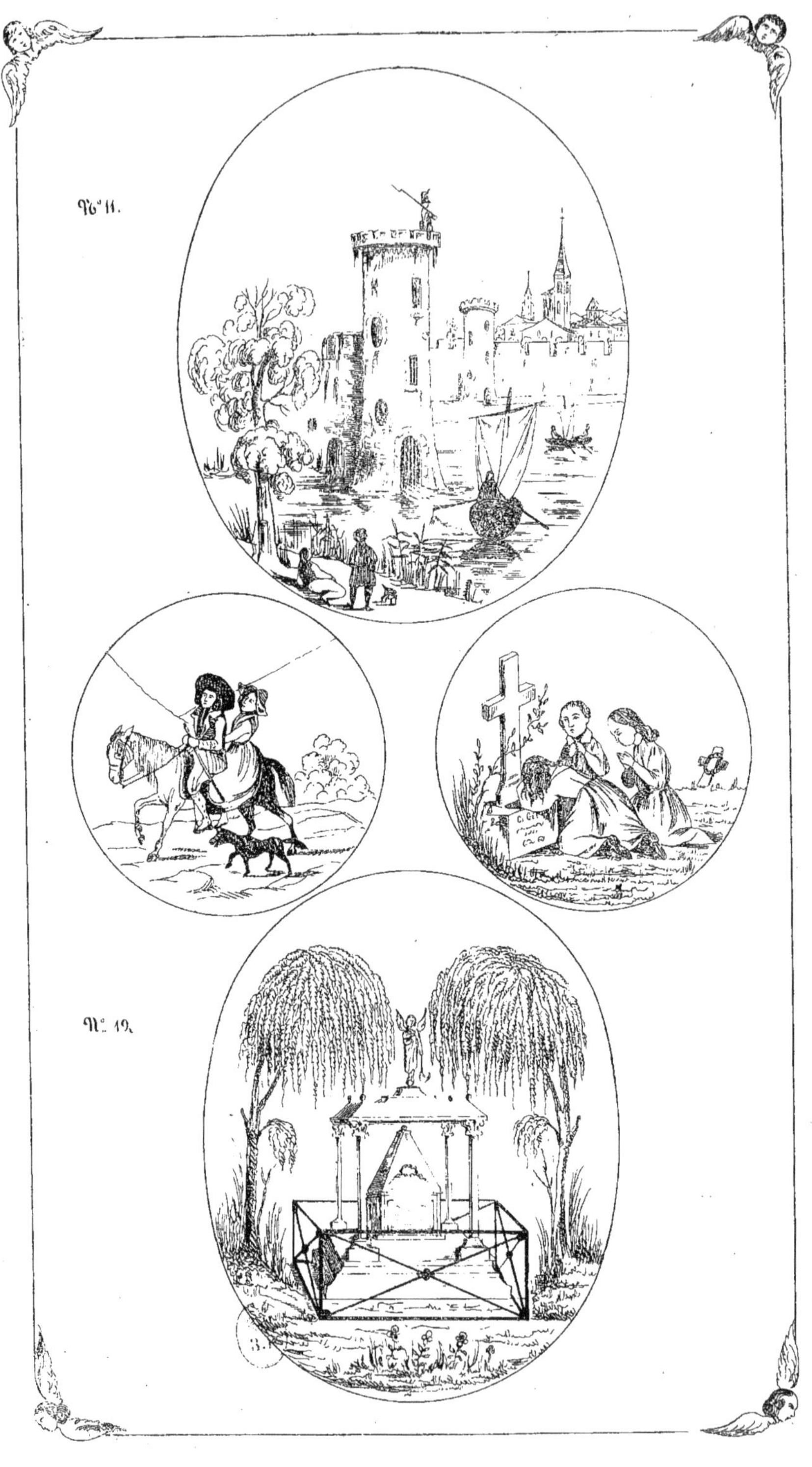

Nº 11.
Nº 12.

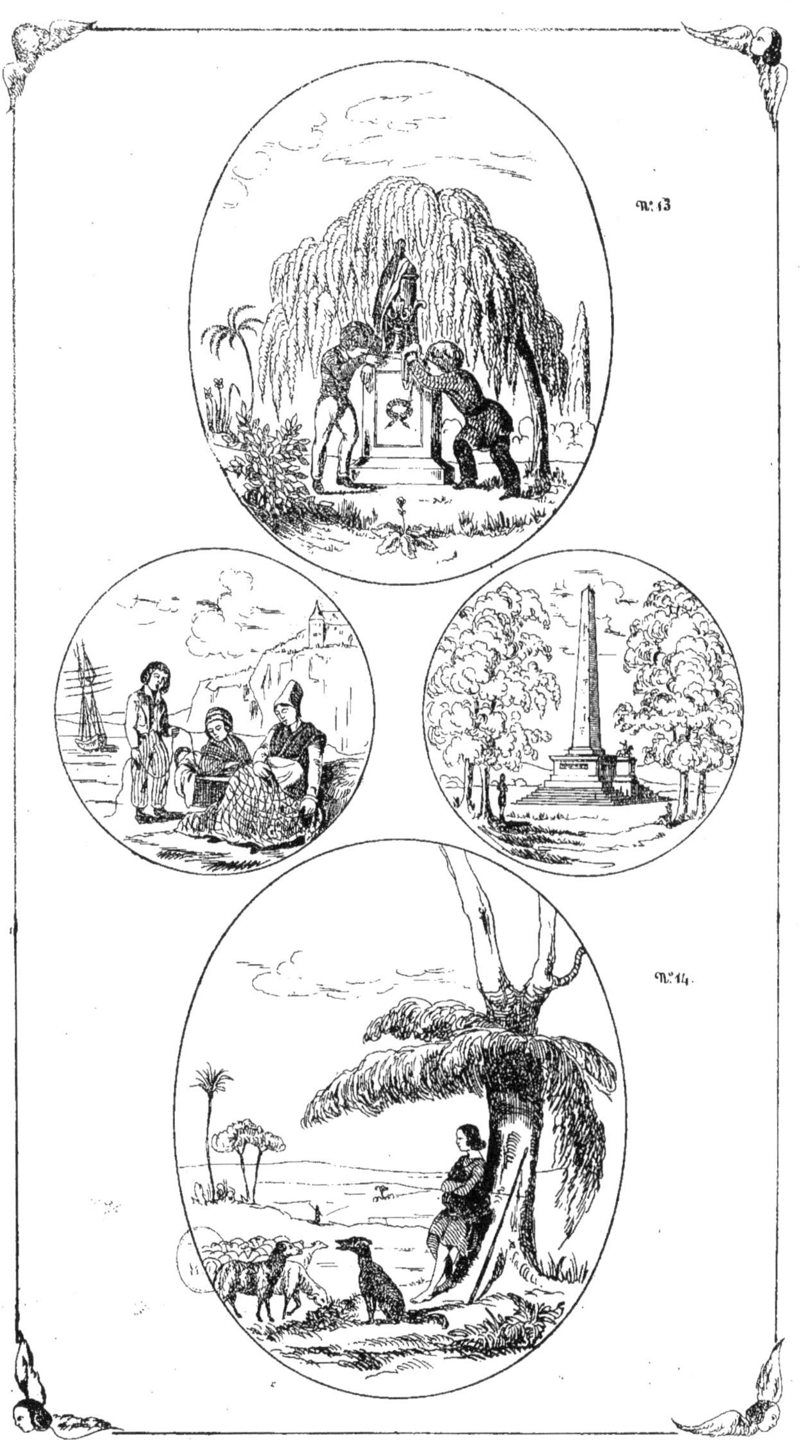

N.º 13

N.º 14

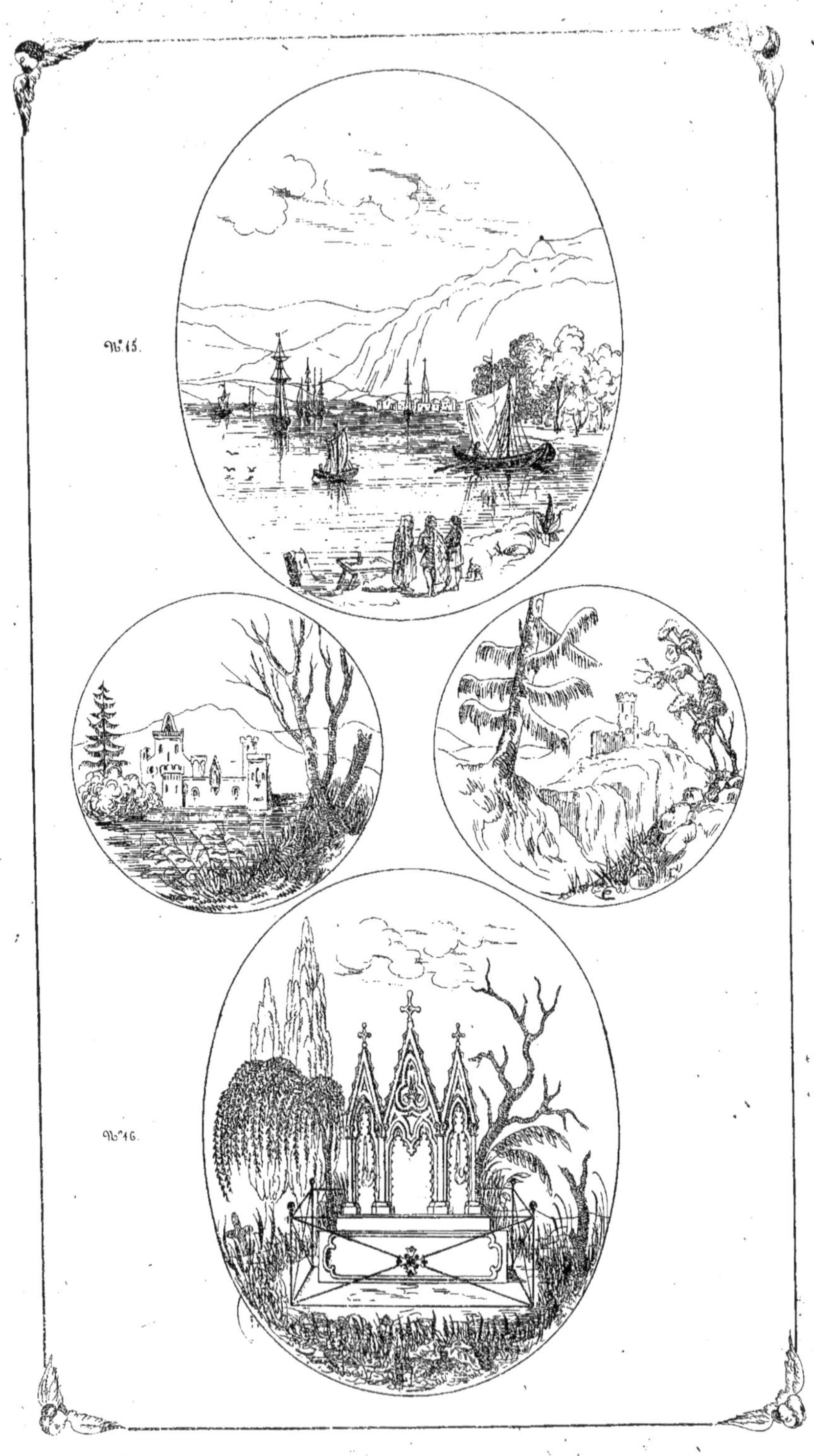

Nº 15.

Nº 16.

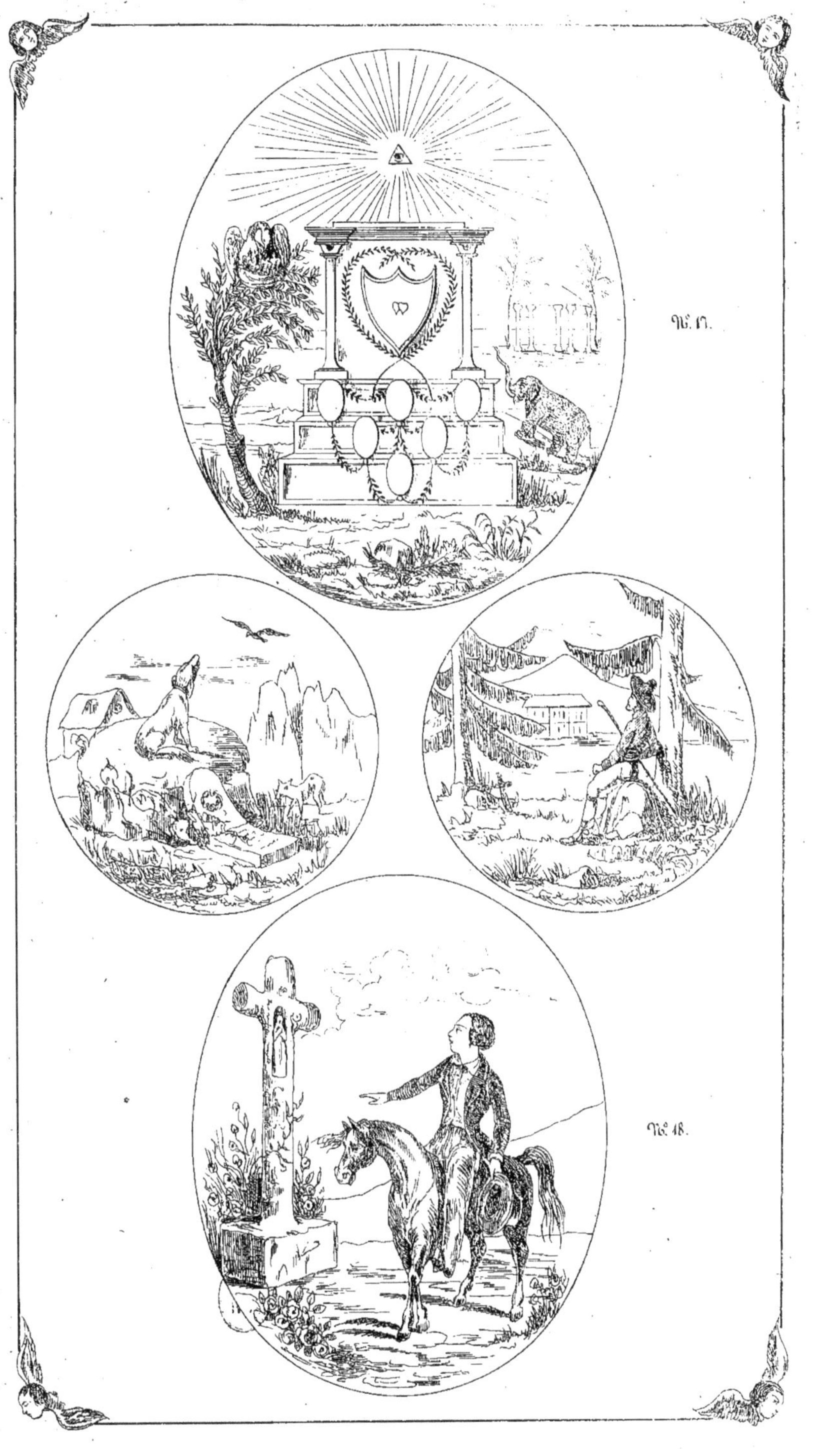

№ 17.
№ 18.

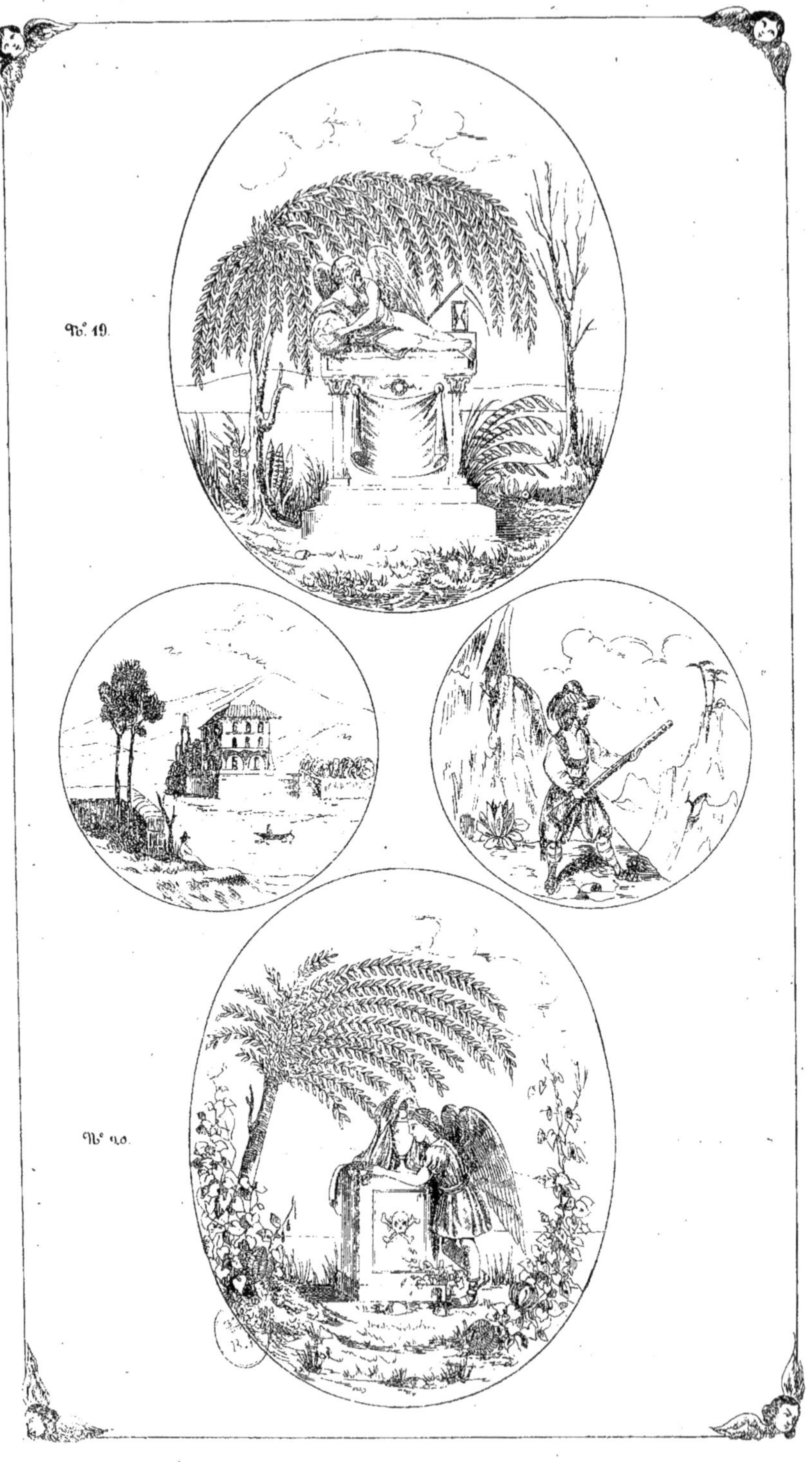

Nº 19.

Nº 20.

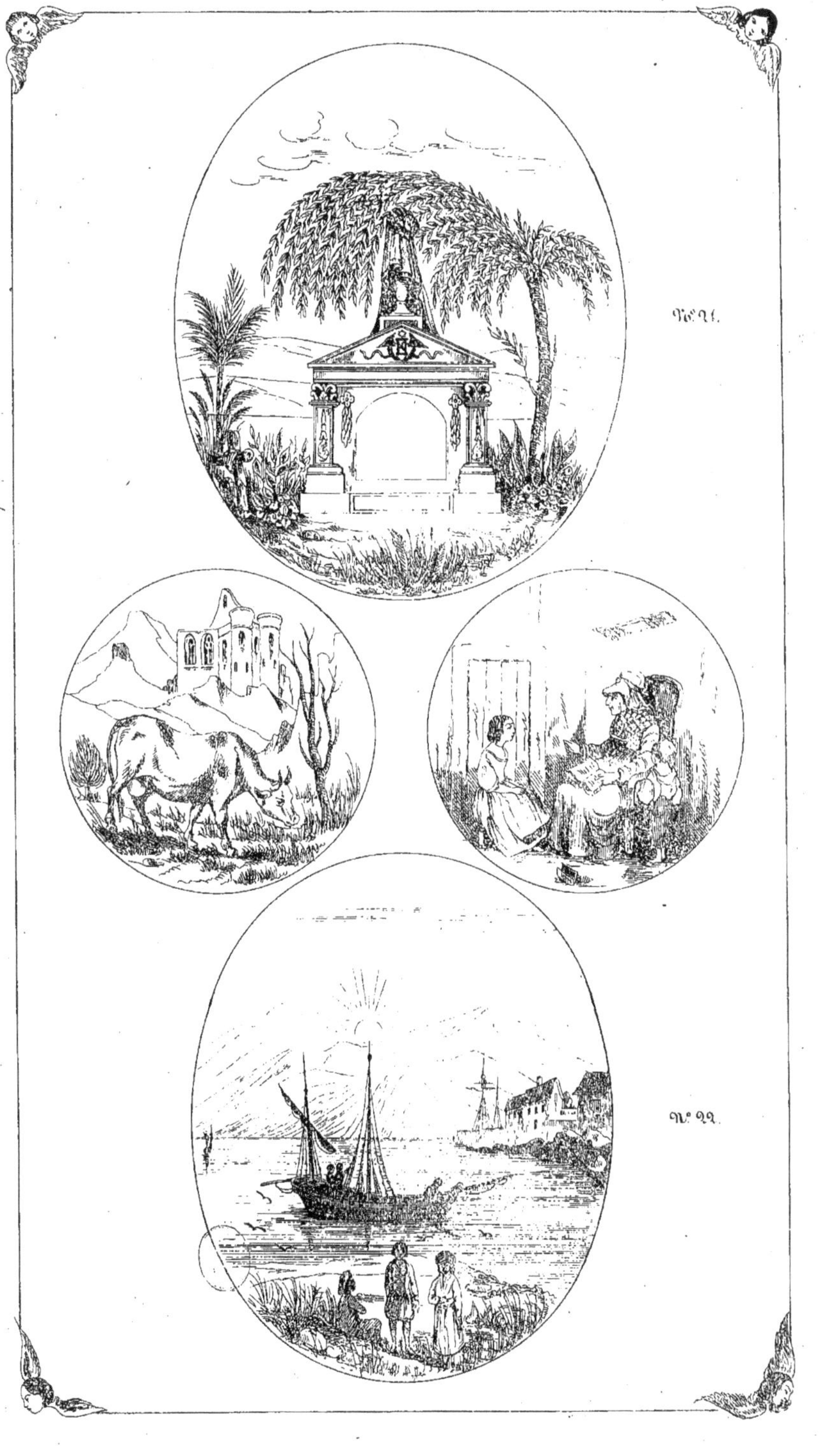

Nº 21.
Nº 22.

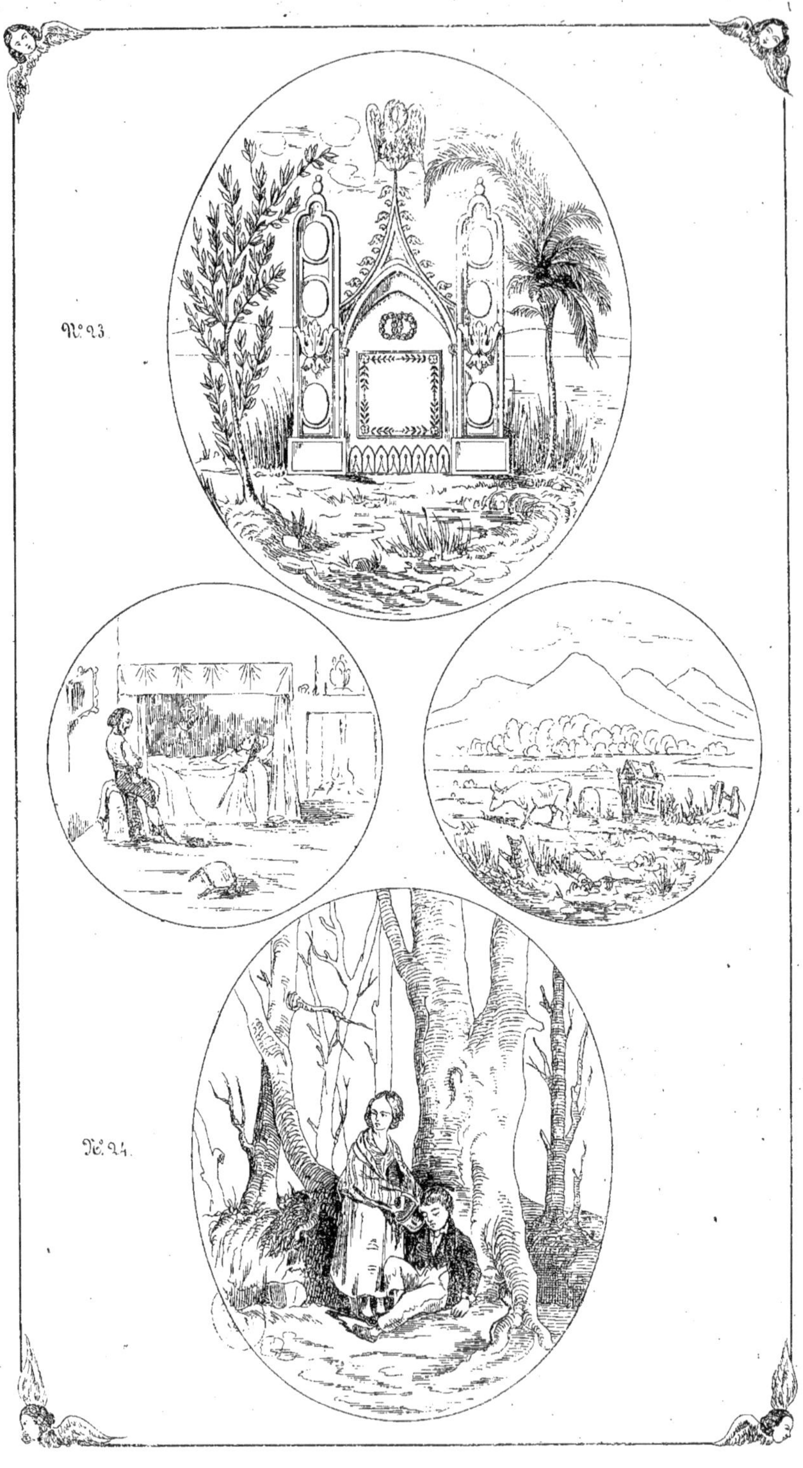

N° 23
N° 24

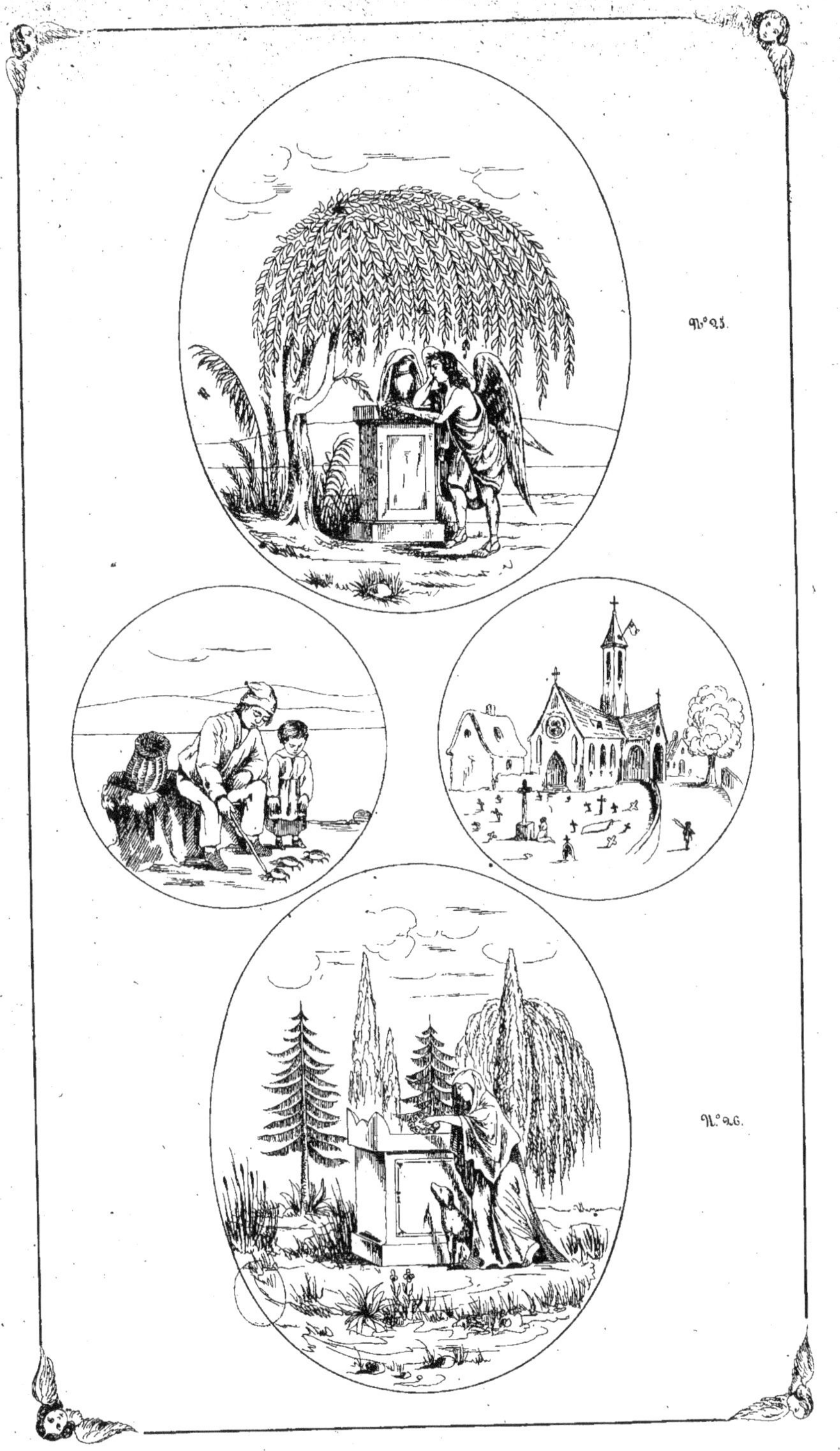

N.° 25.

N.° 26.

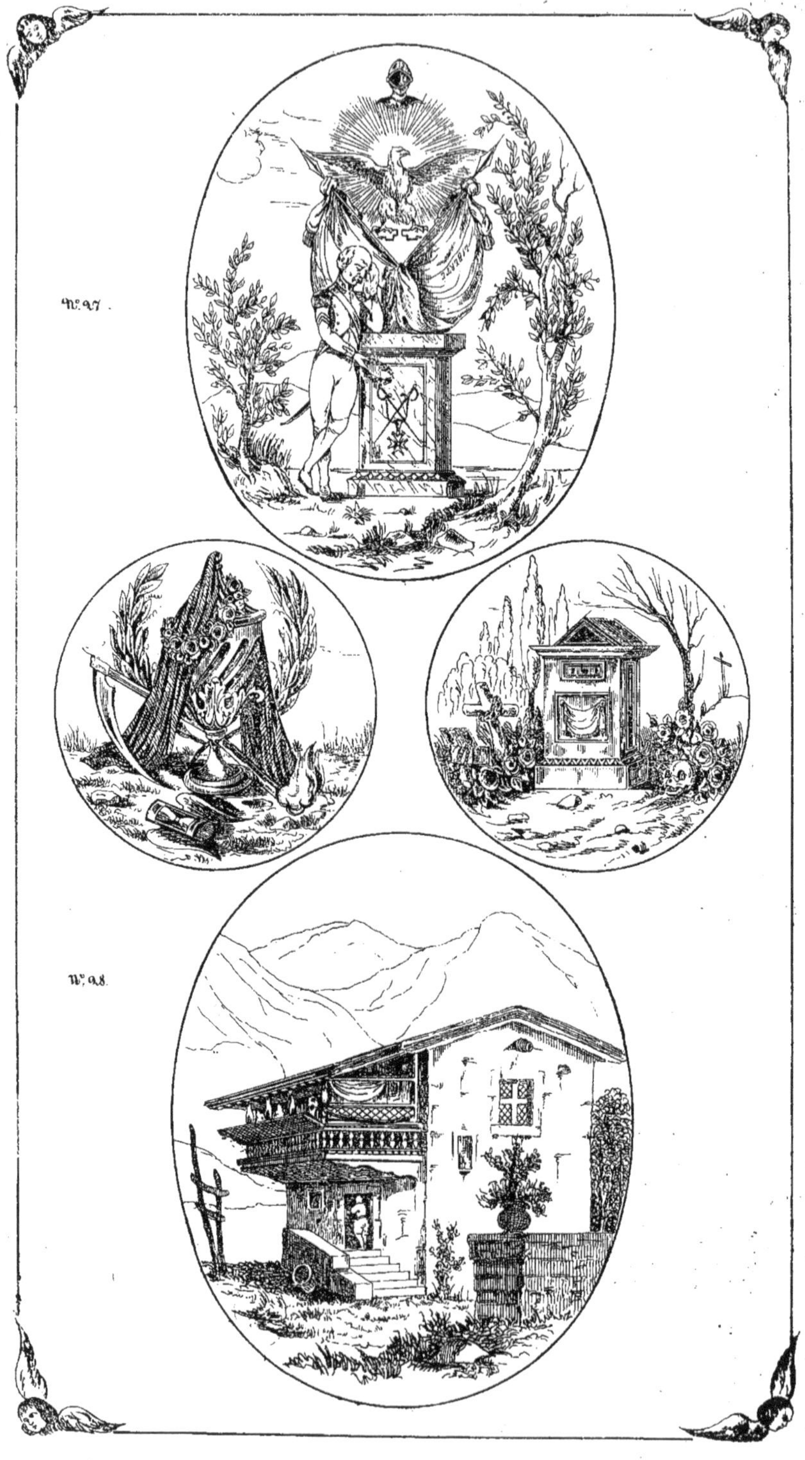

N° 27.

N° 28.

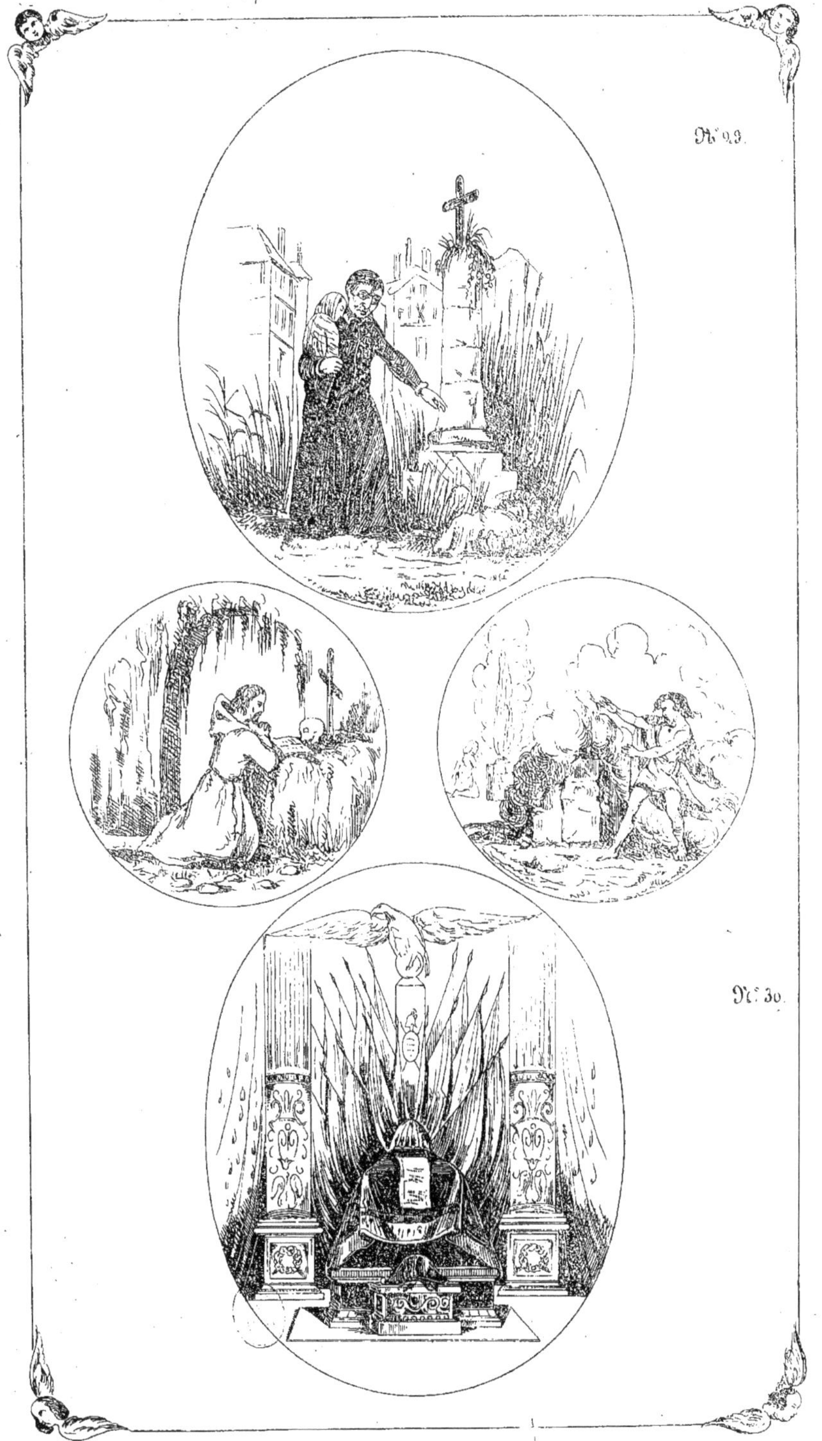

Nº 29.
Nº 30.

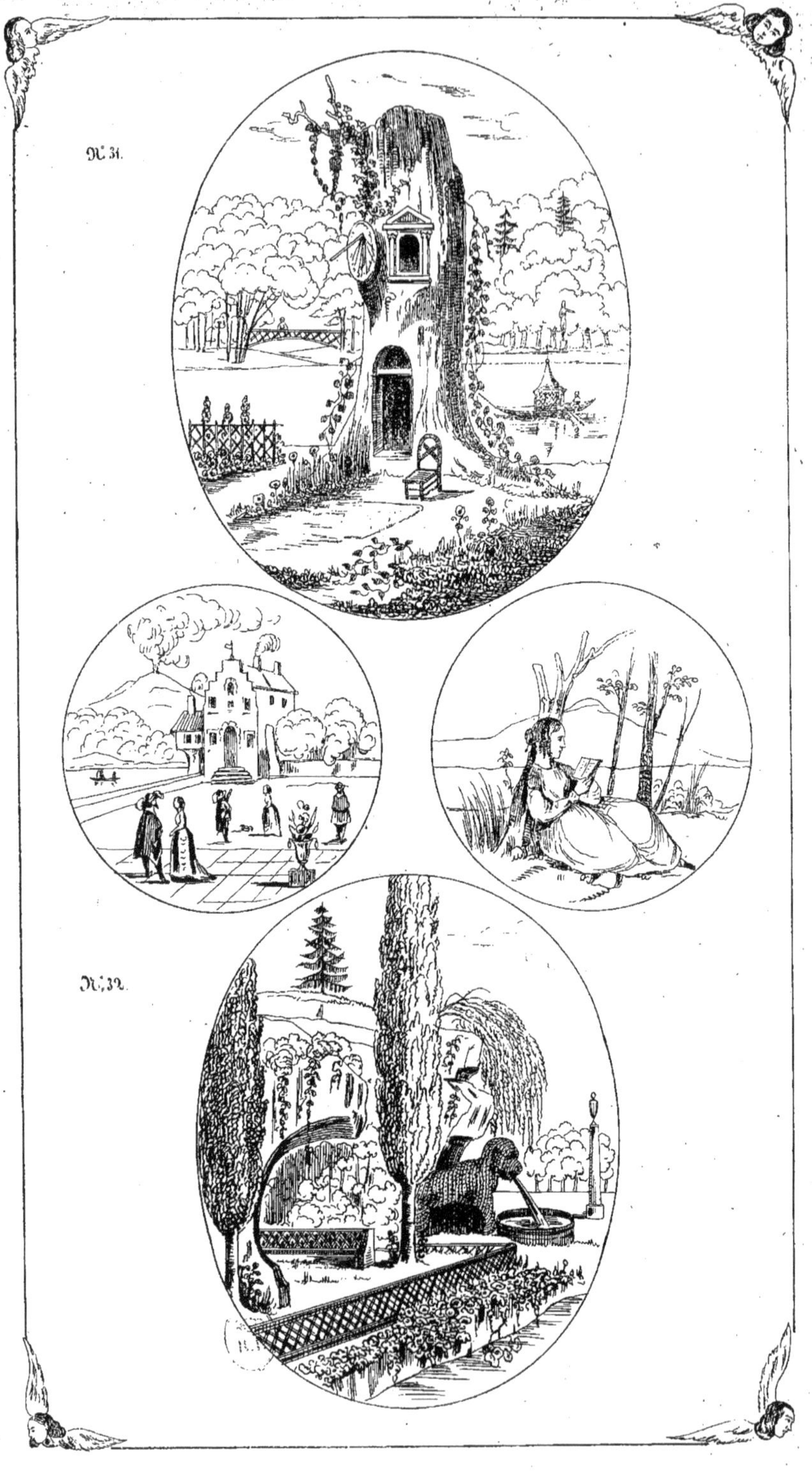
N. 31.
N. 32.

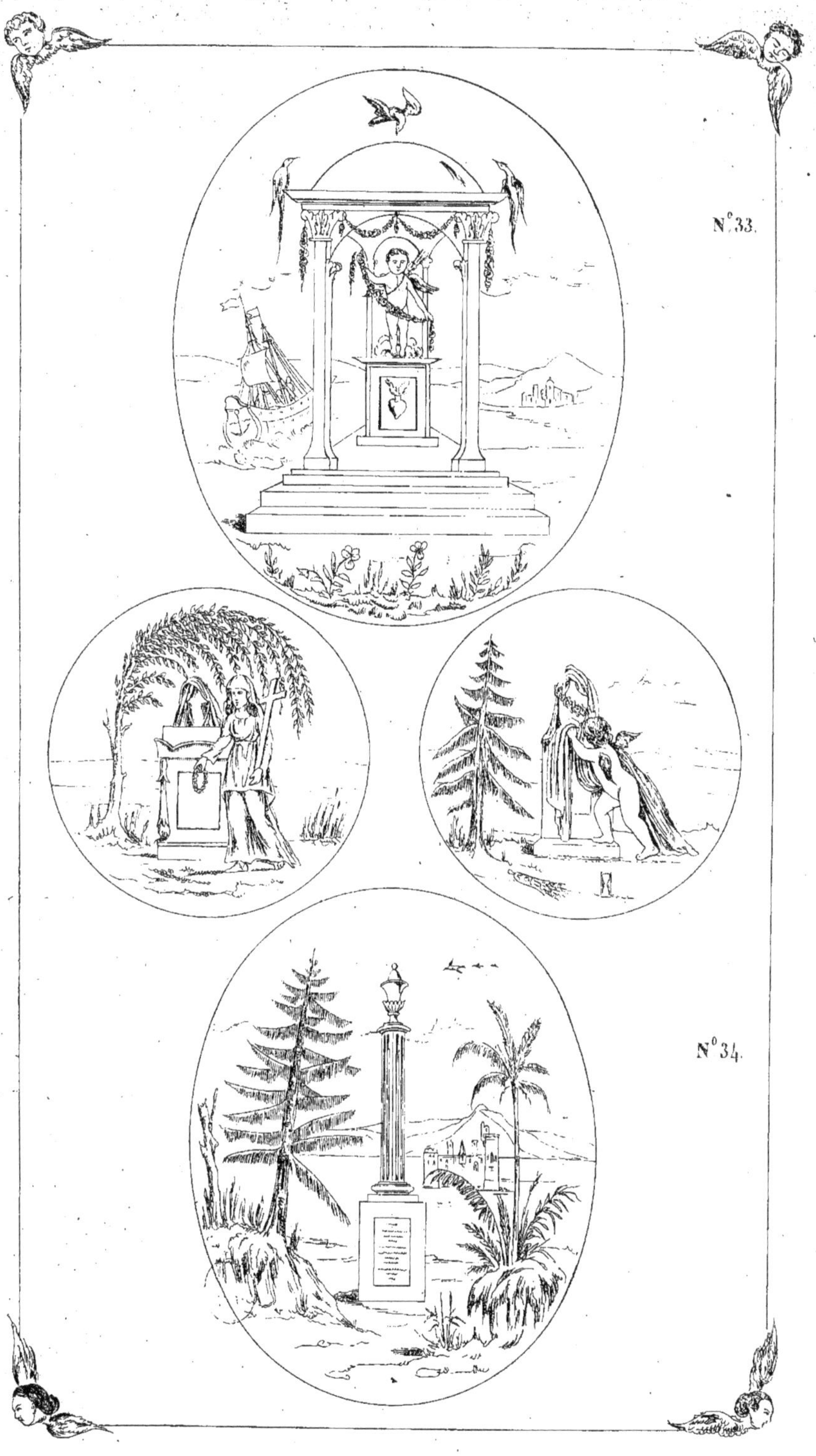

N.º 33.
N.º 34.

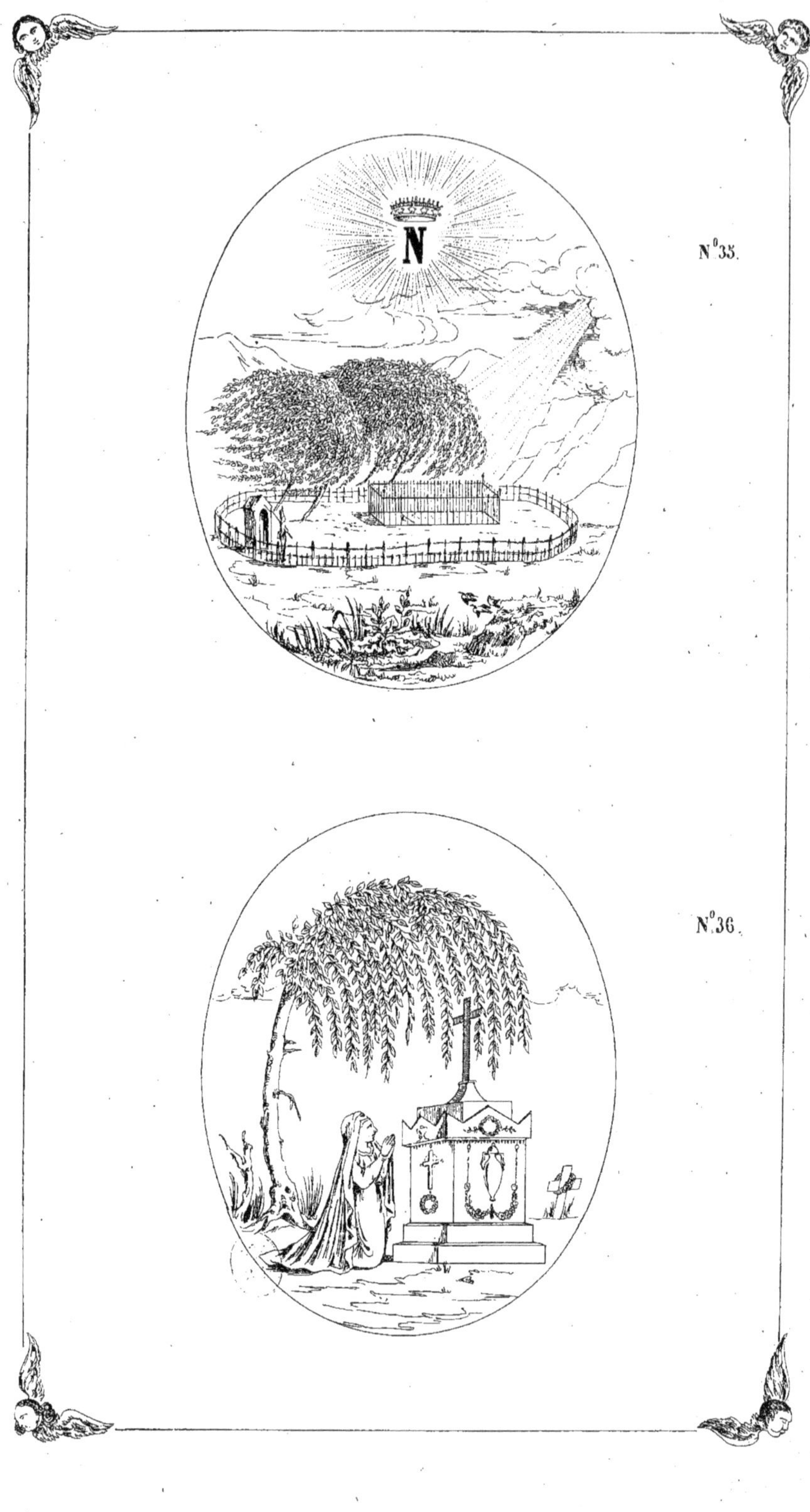

N.º 35.

N.º 36.

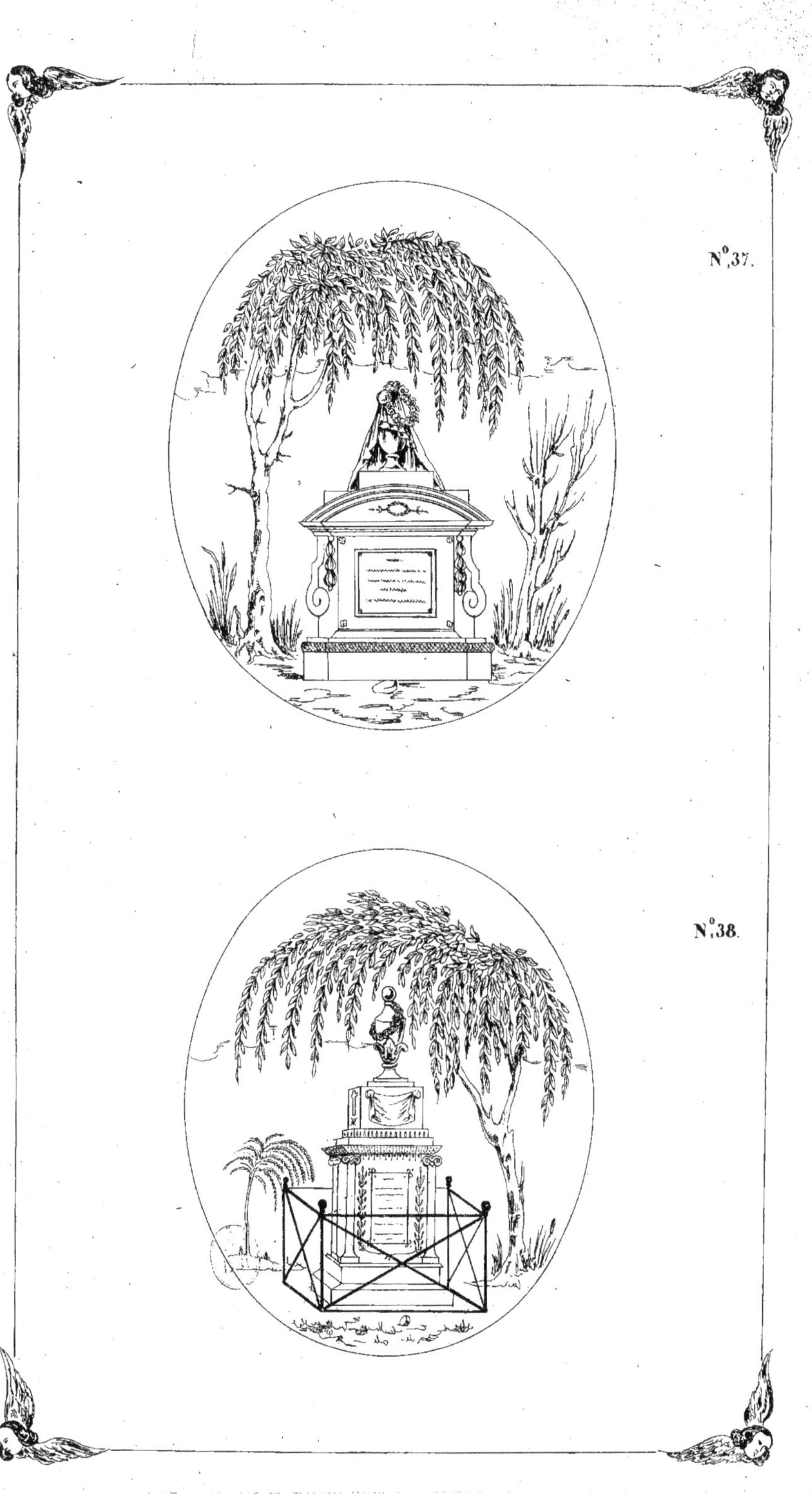

N.º 37.
N.º 38.

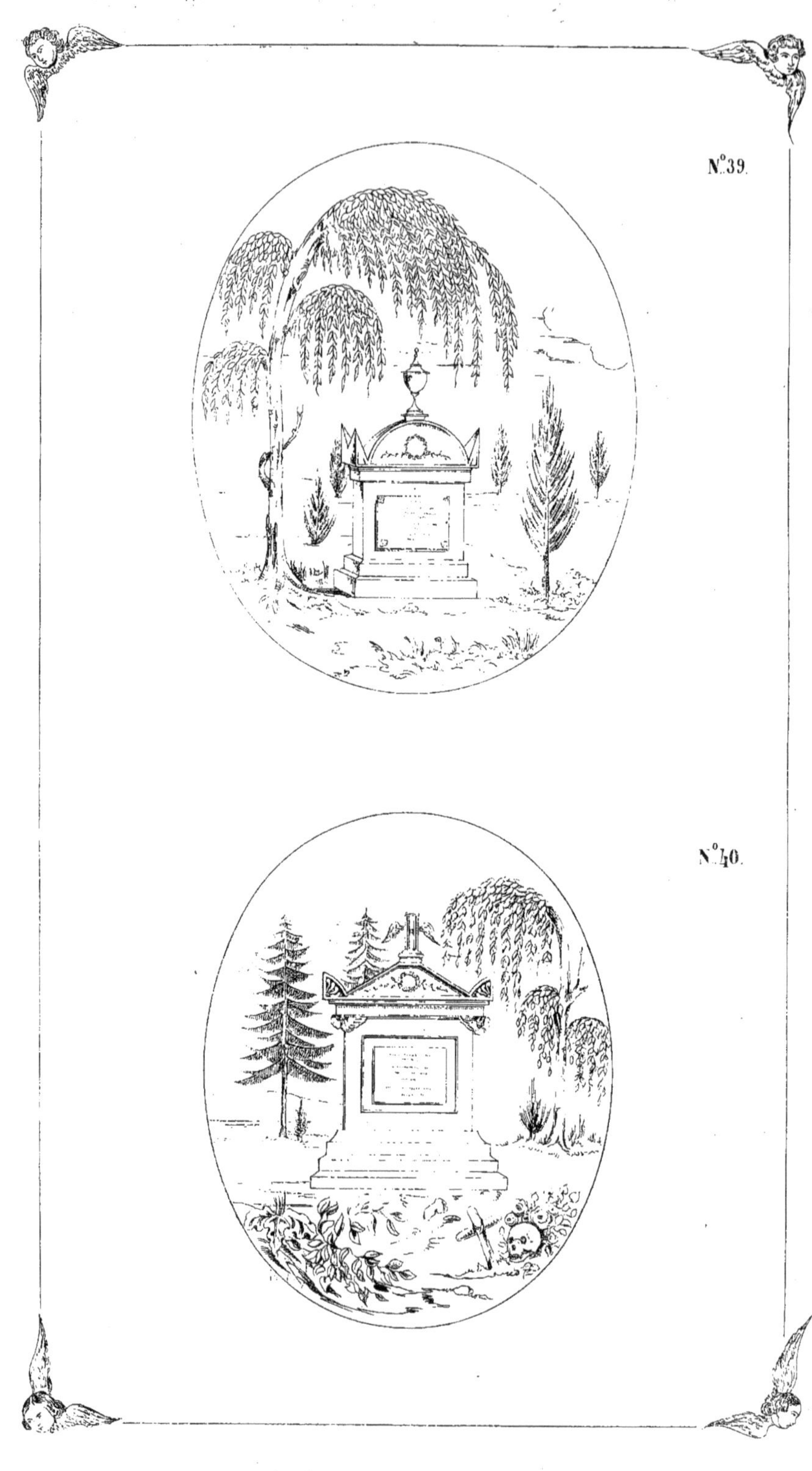

N.º 39.
N.º 40.